MAX GUILIN

PAR QUI? POURQUOI? COMMENT

ESSAI D'ÉTUDE HISTORIQUE

DÉDIÉ

A MONSIEUR GAMBETTA

PRIX : 1 FRANC

LIMOGES
IMPRIMERIE ET LIBRAIRIE MILITAIRES
V. CHARLES PÈRE, LIBRAIRE-ÉDITEUR
16, RUE MANIGNE, 16

1872

PAR QUI? POURQUOI? COMMENT?

A MONSIEUR GAMBETTA

PAR QUI? POURQUOI? COMMENT

ESSAI D'ÉTUDE HISTORIQUE

PAR

MAX GUILIN

LIMOGES

IMPRIMERIE ET LIBRAIRIE MILITAIRES
CHARLES PÈRE, LIBRAIRE-ÉDITEUR
16, RUE MANIGNE, 16

1872

A GAMBETTA

En écrivant ces lignes, j'ai cru faire acte de patriotisme, parce qu'à cette époque de menées ténébreuses, la vérité ne saurait lancer trop de rayons sur la route à suivre.

En vous les dédiant, je crois faire acte de justice, parce qu'elles me paraissent être exclusivement la traduction de vos pensées intimes.

Si, dans les deux cas, l'auteur n'a pas préjugé, ce double succès compensera largement son chagrin de n'avoir pu élever son style à la hauteur du sujet.

Salut et fraternité.

Max GUILIN.

PAR QUI, POURQUOI, COMMENT

LA FRANCE

A-T-ELLE ÉTÉ ENTRAINÉE DANS L'ABIME ?

PAR QUI, POURQUOI, COMMENT

EN SERA-T-ELLE BIENTOT RETIRÉE ?

« Fiat Lux! »

I

Pour trouver, dans nos annales, une époque aussi fatale, pour notre gloire et notre prospérité, que celle que nous avons la douleur de traverser actuellement, il nous faut remonter le cours des temps jusque vers l'an 1360, et, franchissant, pour ainsi dire d'un bond, cet immense espace de cinq siècles, nous reporter, sans transition, du règne de Napoléon III à celui de Jean II, le Bon.

Est-ce dire par là que, dans cette longue période, tourmentée s'il en fut, marquée par tant d'événements graves, agitée par de si formidables révolutions, ensanglantée par tant de guerres, jamais la France ne se soit trouvée vaincue et humiliée? Non. — Du reste, le voudrais-je, que je ne le pourrais prétendre. L'histoire est là pour me contredire; mais ce que j'avance et puis affirmer avec certitude, c'est que jamais elle ne fut accablée par tant de malheurs à la fois, que jamais elle ne fut plus près de sa perte.

« Après le traité de Brétigny, — dit le continuateur
» de Guillaume de Nangis, — la France, qui l'emportait
» auparavant par la richesse et par la gloire, était
» devenue un objet de mépris et de dérision pour les
» autres nations......... »

Ne dirait-on pas ces lignes écrites d'hier?.. Pour présenter notre situation actuelle sous son véritable jour, ces couleurs ne sont point trop sombres. Aujourd'hui comme alors, la France, vaincue et désarmée, est contrainte d'assister, immobile et muette, au partage de ses propres dépouilles, au morcellement de son territoire. Aujourd'hui, comme alors, livrée à la discrétion d'un vainqueur barbare et âpre à la curée, elle se voit obligée d'étouffer ses sanglots et d'éteindre même l'éclair de son regard, de crainte d'irriter la fureur du maître, et d'attirer sur ses enfants de nouveaux excès et de plus grandes calamités.

Plus on réfléchit et plus on compare ces deux époques l'une à l'autre, plus on est frappé de leur ressemblance.

A voir leur air de famille, on les prendrait pour jumelles, si l'on pouvait oublier par combien de générations d'hommes elles sont séparées.

Toutes les deux ont la même physionomie implacable et farouche, le même regard sanguinaire; toutes les deux exhalent la même odeur de charnier. Autant de turpitudes, de lâchetés, de ruines, de misères et de larmes dans l'une que dans l'autre; Sedan fait contrepoids à Crécy, et le défilé de nos récentes capitulations n'est ni moins long ni moins lugubre que celui des revers subis par nos armes, depuis l'Écluse jusques et y compris Poitiers.

Si l'on tient à rester dans les limites fixées par une rigoureuse franchise, il faut même reconnaître que ce présent est encore plus sombre que ce passé.

En effet, dans cette funeste journée, où trente mille communiers furent massacrés, où périt la fleur de la noblesse française, où dix-sept comtes, cent soixante barons et deux mille chevaliers rendirent leur épée, il y eut du moins quelques « belles appertises d'armes. » « La bataille du roi, » disent les vieux chroniqueurs, accomplit moult prouesses... »

Hélas! à part nos charges de cavalerie, à Reischoffen et à Gravelotte, de quels hauts faits avons-nous à nous prévaloir dans cette dernière campagne? Tandis que, de l'aveu du vainqueur lui-même, Jean fut « le mieux faisant » des deux partis; que penser de son successeur, ne sachant pas mourir à la tête de son armée, — que dis-je !... — n'essayant même pas de combattre.

On le voit : le résultat de la comparaison est loin d'être à notre avantage.

La France se trouve donc aujourd'hui au fond du même précipice où elle était tombée, il y a cinq cents et quelques années, et, — curieuses coïncidences ! — non-seulement la chute est aussi terrible et accompagnée de symptômes aussi alarmants, mais encore elle est provoquée par des fautes identiques, qui doivent elles-mêmes être attribuées à des causes ayant entre elles une connexité vraiment extraordinaire.

Qui dit traité de Brétigny, dit traité de Francfort :[1] deux pactes infâmes, qu'à cinq siècles d'intervalle on croirait dictés par le même vainqueur et acceptés par le même vaincu.

Si vous me demandez pourquoi ces deux paix également honteuses, également dures et injustes furent » ouïes aussi volontiers » l'une que l'autre, par les représentants de cette malheureuse nation, je vous répondrai, avec le savant professeur de droit à la Faculté de Caen : « C'est que, dans les deux cas, les » forces militaires de la France étaient anéanties, ses » ressources financières épuisées ; c'est que les désas-» tres de la guerre étrangère avaient provoqué les » horreurs de la guerre civile ; c'est que, sans armes, » sans argent, sans alliés, un instant sans gouverne-» ment, la société française avait été menacée d'un » effondrement total. »

Mais laissons de côté l'étude de ce curieux parallèle ; si intéressante qu'elle puisse être, elle dépasserait les limites que nous nous sommes fixées dans ce travail. Pour ceux de nos lecteurs qui tiendraient à se rendre plus amplement compte par quel enchaînement de circonstances la France s'est trouvée, en 1360, dans une situation aussi périlleuse et aussi désespérée qu'en 1870 ; je prends la liberté de les renvoyer à l'éloquent discours auquel j'ai emprunté la plupart des citations qui précèdent. [2]

Quant à moi, avant d'indiquer les moyens pratiques

---

[1] 10 mai 1871 : une date à ne jamais oublier !

[2] *La France après le traité de paix de Brétigny.* (Leblon-Hardel, imprimeur à Caen, rue Froide, n°˙ 2 et 4.)

de réorganisation sociale et militaire que j'ai à proposer, je vais essayer de vous donner un rapide aperçu des faits qui, à mon avis, ont amené nos récents désastres, et contraint la France à signer ce second traité de Brétigny.

II

« Quelles sont les causes de nos désastres ? » Telle est la question qui se pose d'elle-même à tout le monde et que chacun croit avoir résolue à fond, quand il ne l'a fait souvent que sous un seul point de vue, c'est-à-dire très imparfaitement, ou mieux encore : très injustement.

« Elles échappent à notre investigation, — disent les chauvins, — parce qu'elles sont toutes d'une essence plus ou moins surnaturelle. On ne les trouve point, ou, si l'on arrive à les découvrir, du moins ne peut-on les expliquer autrement que par un enchaînement fatal de circonstances fatales. La nation ne saurait être accusée. Ses gouvernements, pas davantage. Toujours victimes, ni eux ni elle n'ont jamais été complices. C'est le Hasard, l'aveugle Divinité qui a tout fait.. »

« Seule, la France est responsable de ses malheurs,

disent les pessimistes, il n'y a pas d'autre coupable qu'elle. Elle est l'unique fauteur de sa ruine. L'*Anankhée* est un mythe. »

Eh bien! Les uns et les autres ont tort, selon moi. Les causes de ce grand cataclysme sont tellement complexes, tellement nombreuses, d'ordre et d'essence parfois si différents, qu'il est inadmissible de les rattacher à une commune souche et d'en faire porter la responsabilité, soit uniquement sur le destin, soit exclusivement sur la victime.

Du reste, si tout d'un coup s'est effondré ce gigantesque édifice de nos gloires, érigé avec tant de peine, par tant de courageux ouvriers et d'habiles architectes, c'est que, dans ses fondations mêmes, avait été placée la torpille qui vient de faire explosion; c'est qu'au fur et à mesure que le monument s'élevait au-dessus du sol, se développait, grandissait et se fortifiait le germe de destruction qu'il portait en lui. (Ceci est pour la part de la fatalité.) Les causes de nos défaites récentes, il faut les chercher dans nos antiques victoires elles-mêmes.

Tous les hauts faits de la vieille monarchie, depuis les croisades, ceux de la première république et du premier empire, la conquête de l'Algérie, les guerres de Crimée, d'Italie, de Chine, de Syrie et du Mexique;... voilà les premières causes de nos malheurs. Toutes ces expéditions brillantes, soit qu'elles aient lassé la fortune, soit qu'elles nous aient lassés nous-mêmes, ont toutes plus ou moins contribué à notre éreintement final.

« Dans tout berceau, il germe une tombe : » a dit notre grand poète. Dans tout triomphe aussi germe un revers ; c'est là où est l'*Anankhée*.

Mais, hélas! en dehors de ces causes étrangères

surnaturelles, fatales... combien d'autres dont la France ne peut récuser aujourd'hui la paternité, Combien d'autres aussi qui sont le fait de ses gouvernements? Quant à ces dernières, elle ne les a pas commises, soit; mais elle les a voulues. Elle n'a donc pas le droit de se plaindre si elle en subit, à cette heure, les terribles conséquences.

En abdiquant sa souveraineté si chèrement conquise en 89; plus tard, en 1830, en se donnant un maître, au lieu de se gouverner elle-même; en subissant depuis, comme elle l'a fait, cette succession burlesque de gouvernements ou ineptes ou despotiques, n'a-t-elle pas prononcé sa propre condamnation?

Ne pas protester contre l'usurpation de ses droits de nation émancipée, de peuple libre; porter, pendant tant d'années, sans rougir, avec résignation, parfois même avec une fierté de valet, la livrée d'un Bourbon après celle d'un Bonaparte, et *les abeilles d'or* après les *fleurs de lys;* courber, sous le regard d'un aventurier, son front, son beau front noble et fier, dont le rayonnement avait un jour ébloui le monde; être lâche au point de baiser les pieds d'un assassin; se laisser conduire par le bout de l'oreille, dix-huit années durant, en dehors de sa voie, dans le sentier de la perdition; brûler ce qu'elle devait adorer, et fouler aux pieds ses vrais dieux; n'avoir enfin, en faisant tout cela, qu'une seule excuse à donner pour sa justification : la peur de la liberté;[1] ..... n'était-ce pas se rendre complice des vrais coupables, et assumer sur soi toute la terrible responsabilité de leurs actes?

---

[1] Général Faidherbe, *Base d'un projet de réorganisation militaire.*

Voilà pour ce qui est personnel à la nation; passons maintenant au réquisitoire de ses gouvernants.

Pour cela, jetons un coup d'œil rapide en arrière sur notre histoire, recherchons-y les fautes commises, et essayons ensuite de répartir dans une juste proportion, sur le compte de qui de droit, la somme énorme de honte et d'opprobre capitalisée par la France, depuis près d'un siècle.

III

Pour être d'une exactitude rigoureuse, il faudrait aller chercher la source de nos maux bien au delà de notre époque, ou, tout au moins, remonter jusqu'au règne de Louis XIV, car c'est en effet la révocation de l'édit de Nantes qui posa le premier jalon de la grandeur de la Prusse, et donna le premier coup à notre prépondérance en Europe.

En ce temps-là (1685), cette nation Finno-Slave, que l'on voit aujourd'hui, avec étonnement, à la tête de la grande famille allemande, n'était qu'une puissance de cinquième ordre, à demi-barbare encore, déjà militaire, mais nullement commerçante et fort peu savante. L'Immigration protestante française, en y apportant, avec un incontestable élément de vie, nos arts, nos sciences, notre industrie et notre philosophie naissante, prépara le règne de Frédéric II, et lui fraya sans contredit le chemin de la prospérité.

Bien que, pour être complète, notre revue rétrospective dût, comme on le voit, commencer au Roi-Soleil, nous ne la ferons cependant pas remonter au delà des premières années du siècle. Cela, pour ne pas abuser de la bonne volonté du lecteur, et aussi pour ne pas nous condamner à remuer à la fois trop de la boue sanglante de notre passé.

La première grande faute, par ordre chronologique, que nous rencontrons dans ce champ d'investigation ainsi circonscrit, porte la date de 1807 et la griffe de Napoléon. Elle a nom traité de Tilsit.

En humiliant et démembrant la Prusse, le seul État viable à mettre à la tête de la confédération, l'Empereur suscitait à la France un ennemi terrible. En contraignant Frédéric-Guillaume à déposer le Baron de Stein, qu'il lui avait d'abord imposé pour ministre; en persécutant les vaincus d'Iéna, en les écrasant de vexations, il semait le vent pour récolter la tempête.

Comprimer le patriotisme d'un peuple, n'est-ce pas le forcer à faire un jour ou l'autre explosion? Les martyrs sont bien près d'être des héros.

Voyez plutôt : Quand le Corse vindicatif, acharné contre sa victime, a résolu la dissolution de la *vertueuse alliance,* le *Tugend bund*[1] comptait à peine

---

[1] Au mois d'octobre 1807, dans le but de restaurer la force et la moralité allemandes, Henri Bardeleben organisa l'Association scientifique et morale *(Sittlich Wissenschoftlicher verein).* Cette société fut la mère du *Tugend bund.*

La France, affaiblie et démoralisée, ne trouvera-t-elle pas aussi son Henri Bardeleben ?.....

trente adhérents. Aussitôt la promulgation du décret qui le dissout, ses membres se comptent par milliers et par millions.

Les *Noirs* [1] semblent surgir de ce sol, que le génie de la liberté a effleuré de son aile.

A l'appel de la Patrie en danger, les *légions vengeresses* [1] accourent de tous les points de l'horizon, se ranger sous la bannière du fameux Schanhorst. Bientôt, sous Gneisnaw, Rudiger, Balan et Blücher, nous les verrons à l'œuvre : en 1813, pendant les trois journées de Leipsig; en 1814, à la Rothière; c'est en tombant sous leurs coups, que nos braves s'écrieront plus tard, devant Lutèce : « Ils sont trop. » Ce sont encore elles que nous trouverons à Waterloo, au moment où le soleil d'Austerlitz disparaît à jamais derrière la colline de Mont-Saint-Jean.

1807 préparait donc bien 1815, ce précurseur de 1870.

La seconde grande faute porte le millésime de 1830 ; elle s'appelle la *conquête de l'Algérie.*

J'entends déjà crier au paradoxe; eh bien, non; ce que j'avance n'est pas un paradoxe, mais l'exacte vérité.

L'Afrique fut pour nous ce qu'elle avait été pour les Romains.

Dans Abd-el-Kader, la France trouva un Jugurtha. Non-seulement nos victoires nous affaiblirent, [2]

---

[1] Les Noirs tiraient leur nom de la couleur de leur uniforme; on les appelait aussi les soldats-de-la-mort, les Vengeurs.......

[2] Nous devions nous arrêter après Staouëli et la prise d'Alger. L'injure faite à l'honneur de la France se trouvait déjà, à cette époque, lavée par assez de sang. En faisant d'une guerre juste dans le principe, une guerre inhumaine, une guerre de conquête, la monarchie mettait le couronnement à l'édifice qui allait crouler sur elle, en l'ensevelissant sous ses décombres.

mais encore elles nous corrompirent. Difficiles dans le principe, elles nous coûtaient trop de sang. Devenues un jeu par la suite, elles nous efféminèrent, et, toutes ensemble, usèrent cette forte organisation militaire à laquelle la guerre du Mexique devait donner le dernier coup.

« L'école d'Afrique, — nous dira-t-on, — a fourni trop de lauréats, pour que son utilité ne soit pas incontestable, sinon incontestée. »

Encore une erreur.

Loin de nous être favorable, elle nous a toujours été fatale, cette fameuse école d'Afrique que j'appelle, moi, *l'école d'Outre-mer*. (Et en effet, si elle avait sa maison principale en Algérie, n'avait-elle pas des succursales partout où nous entraînait notre humeur remuante et batailleuse, au Sénégal, en Chine, en Cochinchine, jusque dans les îles les plus lointaines de l'Océanie?)

Mauvaise école s'il en fût. Les élèves formés par elle n'ont jamais été autre chose que des chefs de partisans. Redoutables peut-être dans les guerres d'embuscades et de surprise, les plus grands phénixs sortis de son sein n'ont nullement été à hauteur de leur mission, quand ils ont dû manœuvrer sur un champ de bataille européen. Bons tacticiens quelquefois, ils ont toujours péché par manque de connaissances stratégiques. Habitués à faire évoluer de petites colonnes de douze à quinze mille hommes, ils se sont trouvés inhabiles au maniement des grandes masses. Accoutumés à traîner à leur remorque des convois bien pourvus de toutes choses, ils ont montré, le cas échéant, leur ignorance dans l'art de faire vivre les troupes sur le pays. Très ferrés sur les campements, ils n'ont pas eu la moindre idée des ressources précieuses que fournit (à l'armée prussienne par exemple) une bonne entente des cantonnements.

Enfin, comme ils n'avaient eu à combattre que des adversaires mal armés, dépourvus d'artillerie ou à peu près, ils en arrivèrent, à la suite des splendides résultats obtenus avec notre armement, à le considérer comme le *nec plus ultrà,* comme le dernier mot de la science moderne.

Aussi, qu'arriva-t-il lorsqu'ils trouvèrent en face d'eux des troupes européennes?

A part Solférino, citez-moi un succès dû à notre artillerie, durant toutes les guerres du second empire. En Italie, comme en Crimée, sur tous les champs de bataille où, depuis vingt années, le drapeau français ait flotté triomphant, les victoires ont été gagnées à coups d'hommes ou enlevées au pas de charge. Jamais elles n'ont été le résultat de combinaisons savantes, sagement conduites et menées méthodiquement à bonne fin.

La *furia francesa* dut suffire seule à sauver l'honneur de nos armes, déjà compromis par l'ineptie de nos généraux. Et elle y suffit vingt années durant. C'est qu'alors, nous étions bien réellement les premiers soldats du monde. Quelque irréparables que fussent les fautes stratégiques commises en haut, en bas l'on arrivait toujours à les réparer par une brillante charge à la baïonnette. En ce temps-là, pour être un bon général, il suffisait d'être un bon soldat. Pousser la bravoure jusqu'à la témérité et savoir crier au moment opportun : « *En avant, mes petits lapins!* » voilà quelles étaient les principales qualités, souvent les seules, de ces foudres de guerre

qui faisaient trembler l'Europe. Mais aujourd'hui…..
à quoi sert la bravoure chevaleresque? L'homme a
cédé sa place à la machine : c'est la science qui gagne
les batailles.

Après cette dernière guerre, qui osera vanter encore la *Société d'admiration mutuelle!!*

Mais je reprends ma triste revue rétrospective.

A partir de l'année 1830, la guerre d'Afrique et le gouvernement terne de Louis-Philippe nous amènent tout doucettement, sans brusquerie, comme en suivant le cours de l'eau, jusqu'au siége de Rome, et, de la victoire des Veuillots de 48, jusqu'au 2 décembre. Mais, de ce jour néfaste, notre chute s'accélère : Autant d'événements, de décrets, de mesures politiques, d'expéditions militaires; autant de pas faits vers le gouffre. Le louche conspirateur a succédé au roi-bonhomme, à ce prince d'un esprit sans doute un peu borné, mais honnête au fond, et qui n'avait peut-être d'autre défaut que celui de n'avoir pas de qualités brillantes; après le monarque constitutionnel, vient le despote; l'honorable père de famille cède sa place au viveur éhonté, à l'entretenu, devenu à son tour entreteneur : Aussitôt l'honnêteté, la vertu politique, le patriotisme, l'amour de la liberté deviennent suspects; tous les hommes francs, loyaux, désintéressés, qui ne veulent ni se vendre ni se courber, tout ce qui est resté pur de la grande génération romantique de 1830, tous les bons citoyens en un mot, disparaissent de la scène, ou prennent le chemin de Lambessa et de Cayenne.

Le règne des jouisseurs commence avec celui des Quinze-Vingts.

Dès lors, les fautes se succèdent avec une rapidité

vertigineuse : la guerre de Crimée nous endette, nous épuise et nous grise ; elle nous fait un ennemi formidable et ne nous donne pas un allié sûr ; nous avons tiré les marrons du feu pour d'autres.

1859 arrive : avec les mots : *indépendance, civilisation, progrès,* inscrits sur ses drapeaux, la France se lance, en aveugle, sur l'unique voisin dont elle puisse se faire un ami, et cela, au profit d'un allié ingrat, que la crainte seule empêchera bientôt d'être son ennemi déclaré. N'importe, elle croit travailler à la grande œuvre d'émancipation de l'humanité. Elle croit briser des fers ; aussi frappe-t-elle des coups terribles.

Après une suite non interrompue de victoires, notre armée rentre enfin, toute fière de cette campagne de trois mois. Loin de se douter qu'elle vient de creuser sa propre tombe, elle croit emporter avec elle les bénédictions d'un peuple régénéré par la liberté.

Nous avons vu, hier, comment l'*Italie* nous a payé sa dette de reconnaissance.

Et vous, ô mes braves compagnons d'armes, héros qui avez rougi de votre sang les plaines de Lombardie ; vous qui, depuis douze ans déjà, habitez le *Walhalla* d'Odin, n'avez-vous pas tressailli d'une sainte fureur, en entendant ces mêmes hommes, pour qui vous vous êtes offerts en holocauste, applaudir à nos revers, et tendre une main amie à nos vainqueurs ? [1]

---

[1] Certes ! Je ne prétends pas que la politique à sauts-de-carpe du Bas-Empire n'ait pas donné à la cour de Turin de sérieux motifs pour se défier de ses sauveurs de 1859. Non ; — mais une fois le régime changé, Rome évacué et la République française proclamée,

En 1862, les fanfares sonnent de nouveau joyeusement. Toujours le même mot d'ordre : *Indépendance, civilisation, progrès*. Encore une fois, à l'appel d'un peuple soi-disant opprimé, la France s'est levée en armes.

L'homme fatal a dit : « Ce sera le plus beau fait de mon règne. »

Alea jacta est.

Les soldats de César se lancent à travers les mers, et, pendant cinq ans, les petits-fils des émancipés de 1789 mitraillent les fils des émancipés de 1820 ; [1] pendant cinq ans, les disciples de Jean-Jacques Rousseau travaillent pour le compte de Loyola. Amère dérision ! Sous prétexte de délivrer un peuple de l'anarchie, on le courbe sous le joug ; au lieu de le civiliser, on le corrompt ; au lieu de le conduire dans la voie du progrès, on le ramène brusquement aux siècles de barbarie.

Glorieuse campagne, féconde en glorieux résultats !

Des millions jetés au vent, des milliers de familles livrées à la misère, un trône élevé sur des ruines, s'écroulant dans le sang, les sympathies de la grande République américaine à jamais peut-être perdues pour nous, et puis, quelque part, dans un oratoire

---

l'Italie devait oublier Mentana, pour ne plus se souvenir que de Solférino... Qu'elle y prenne garde! Si le machiavélisme Teuton cherche à diviser la race latine, c'est pour la vaincre plus facilement, l'asservir d'abord et l'absorber ensuite.....

[1] Le premier cri d'indépendance avait retenti en 1810, au Pueblo de Dolores, dans le Guanajuato ; en 1820, la liberté était proclamée définitivement à Mexico.

Pour cela seul qu'il avait lutté dix années contre la tyrannie, ce peuple n'avait-il pas assez de droits à nos sympathies ?............

tendu d'étoffes sombres, une femme en deuil, une pauvre folle qui nous maudit......................
....

N'allez pas croire au moins ce tableau exagéré ; ce que j'ai dit est la pure vérité. Je n'invente rien. Comparse moi-même dans ce drame, j'ai été assez payé pour ne rien oublier du rôle qu'on y fit jouer à l'armée française. Triste rôle, croyez-le. Elle était partie honnête, disciplinée, jalouse de sa réputation... Qu'a-t-elle fait de toutes ses vertus? Elle les a laissées là-bas, dans la tombe où son chef précipita Maximilien.

Quand, après ces cinq années de gloire, elle toucha enfin le sol sacré de la patrie, enrichie des dépouilles des vaincus, écrasée pour ainsi dire sous le poids de ses lauriers, elle put s'écrier à son tour, le front fièrement levé vers les cieux : « L'avenir, l'avenir est à moi ! »

Oui, l'avenir est à toi, pauvre armée française,...... mais non l'avenir brillant que tu rêvas. L'avenir qui t'attend, c'est celui que tu t'es préparé en te dégageant des liens de la discipline, en abusant de ta force; en oubliant enfin ta mission providentielle sur la terre, jusqu'à opprimer une nation fière à juste titre de son indépendance, jusqu'à lui imposer une monarchie étrangère, quand tu devais lui apporter, dans les plis de ton drapeau, la paix, la confiance, l'ordre et la liberté.

Quand les Prussiens fusillaient tes francs-tireurs, quand ils brûlaient Bazeille, Mézières, Châteaudun et cent autres lieux, tu les traitais de barbares. Ils n'étaient cependant, eux, que les exécuteurs de la justice divine. C'était la soirée de Majoma, les hauts faits de tes contre-guérilles et l'incendie de la Laguna qui se payaient.[1] Toutes les merveilles accomplies par tes chassepots à Mentana, n'avaient pas suffi à te faire pardonner.

1867, trouvant la France épuisée par toutes ses expéditions lointaines, dit à la Prusse : « Il est temps. »

La Prusse, qui s'était fait la main en égorgeant le Danemark, et avait eu le temps de chercher le défaut de la cuirasse de sa rivale en combattant à ses côtés, la Prusse, dis-je, n'eut qu'à étendre le bras pour la frapper en plein cœur. L'Autriche, imparfaitement guérie des cinq blessures que lui avaient faites nos baïonnettes aveugles, allait recevoir le coup de grâce à Sadowa. Elle tombait, pour ne plus jamais se relever peut-être. Et la France restait seule, en présence d'une ennemie victorieuse, consciente de sa force et animée des plus légitimes espérances.

Dès lors, le problème posé depuis soixante ans était résolu. Le colosse germanique était jeté dans le moule.

Enfin sonna l'heure suprême. Après le plébiscite absurde et fatal, cette déclaration de guerre, plus absurde et plus fatale encore, cette entrée en campagne sans plan arrêté, ces marches au hasard, cet

---

[1] Après la victoire de Majoma ou de la Estansuela (province de Durango), l'officier supérieur français qui commandait fit passer par les armes tous les officiers mexicains pris les armes à la main, pour venger la mort du colonel Martin, frappé, dès le début de l'affaire, par un boulet ennemi.

L'incendie de la Laguna rappelle celui du Palatinat, avec certain raffinement cependant : non-seulement on avait ordre de brûler *tous* les villages n'appartenant pas à Don Juan Florès, mais encore il nous était prescrit formellement de fusiller *tous* les mâles. On obéit.

Voilà comment les lieutenants de Napoléon III compromettaient l'honneur de la France !

éparpillement de forces tout le long des frontières; Saarbruk, où Louis ramasse des balles, où nos troupiers pleurent en voyant le fils si brave; bientôt Sedan, où ces mêmes soldats pleurent de voir le père si lâche; et puis, et puis....... toutes les horreurs de l'invasion.

L'avènement de 1871 était suffisamment préparé.

L'empire, désarçonné, roulait dans la boue, mais pas assez tôt pour empêcher la France de s'abattre. Car elle avait été trop mal dressée pour franchir seule l'obstacle, et, pour s'arrêter court, elle se trouvait lancée avec trop d'impétuosité.

La République n'avait plus qu'à se résigner. Héritière de la monarchie, elle devait pâtir des fautes de sa devancière et en supporter tout le poids. Lourd fardeau, s'il en fut.

Aussi la voyons-nous aujourd'hui si courbée sous le faix, que d'aucuns peuvent dire, avec une apparence de raison : « Jamais elle ne se relèvera. »

Certes, l'œuvre de régénération à entreprendre est difficile. Pour réussir, il faudra, en haut, beaucoup d'habileté, et en bas, beaucoup d'abnégation, de dévoûment et de courage; n'importe, on réussira.

La France a en elle assez de vigueur pour se tirer de ce mauvais pas. Quoi qu'on dise, notre race n'est pas finie ; il faut *vouloir*, et *pouvoir* deviendra un jeu.

Nous connaissons nos défauts; pourquoi n'essayerions-nous pas de nous en corriger ? L'expérience du passé est là pour nous aider au besoin. Nous avons fait fausse route jusqu'ici ! Eh bien, ô mes concitoyens, qui nous empêche de nous tracer une voie nouvelle... et de la suivre ?

Ainsi donc, cherchons dès à présent quelles sont

les réformes à introduire dans nos institutions pour atteindre ce but, que tout bon patriote doit avoir devant les yeux : la réhabilitation de la France devant l'histoire.

IV

Une fois démontré que les causes de nos maux sont complexes, nombreuses et d'ordres très-différents, il est facile de prévoir que les mesures à prendre pour les combattre devront être elles-mêmes très compliquées, multiples et de natures fort diverses.

Elles le sont en effet.

Cependant, elles peuvent sans effort être ramenées à deux types simples et réparties en deux groupes : réformes morales, réformes physiques; d'un côté celles qui ont pour but de retremper le caractère de la nation, de l'autre, celles qui sont appelées à lui rendre son ancienne vigueur, son antique vitalité : les premières, qui s'attachent plus spécialement à notre constitution politique et religieuse; les autres, qui ont rapport à peu près exclusivement à notre organisation économique et militaire.

Il y a, comme on le voit, du travail tracé pour tout

le monde. Les spécialités les plus diverses sont toutes conviées à prêter leur concours à l'œuvre nationale. L'on ne sera jamais trop. Car, non-seulement nous avons à édifier un monument au complet, des fondations jusqu'au faîte, mais encore nous faut-il auparavant déblayer le terrain, démolir tout ce qui reste debout de l'ancien, détruire tout ce qui a survécu à sa chute, effacer jusqu'au dernier vestige de son existence.

Nous aurions tort, en vérité, de nous abuser sur la valeur de nos institutions. L'expérience vient de nous démontrer d'une manière assez péremptoire qu'elles étaient ou vicieuses ou insuffisantes. Les conserver telles quelles serait un crime, se contenter de les retoucher seulement serait une folie.

Ce à quoi il faut se résoudre, si l'on cherche autre chose que le provisoire, c'est à faire table rase de tous nos antiques errements; c'est à jeter au feu tous nos vieux fétiches impuissants et démodés; c'est à semer aux quatre vents jusqu'au dernier atome de la poussière de nos ruines. Après cela, et après cela seulement, nous pourrons nous permettre de poser la première pierre de notre nouvel édifice social.

Tout est à changer. Tout est à refaire.

Nos lois ne sont plus en rapport avec l'époque actuelle; on a beau les maquiller, les replâtrer, on ne peut arriver à leur donner la physionomie qu'elles doivent avoir. Bonnes pour une société aristocratique, comme l'était la société française avant 1830, elles deviennent une anomalie, un contre-sens, du jour où elles sont appelées à régir un peuple dont les tendances libérales et l'esprit démocratique ne sauraient être révoqués en doute à l'heure présente.

Depuis quelque quarante ans, l'esprit humain a franchi des distances énormes ; il talonne le progrès et parfois le devance ; nos institutions, elles, sont demeurées à la même place, immobiles et stationnaires, semblables à ces pyramides d'Egypte, qui peuvent indéfiniment peut-être braver l'injure des siècles, mais dont la longue existence témoigne de la solidité bien plus que de l'utilité.

Telle chose a fait autrefois notre force qui fait aujourd'hui notre faiblesse, par exemple, l'union de l'Église et de l'État. Oui, Le catholicisme, qui sauva notre société du moyen âge, perdra infailliblement notre société moderne s'il s'obstine à lutter contre le courant, s'il se refuse à suivre la marche ascendante de la science et de la philosophie.

Comme l'univers physique, l'univers intellectuel va toujours en se transformant. Les révolutions politiques de celui-ci sont semblables aux révolutions géologiques de celui-là. Les unes et les autres font disparaître une partie de ce qui existait antérieurement, et donnent naissance à des existences nouvelles se rapprochant chaque fois davantage de la perfection.

De même que la lumière du soleil a dissipé les ténèbres du chaos, de même le rayonnement de l'intelligence est venu illuminer la nuit profonde de la barbarie. Voyez : au fur et à mesure que la terre devient plus hospitalière, les races humaines se civilisent. L'homme primitif, aussi sauvage que les animaux auxquels il fait la guerre, quitte ses cavernes, où il vivait par groupes solitaires, pour se répandre par tribus dans la plaine. La famille est créée. Plus tard, de pasteur il devient agriculteur. Las de la vie errante, il se fixe à demeure sur un point quelconque de son immense domaine. Il y construit une habitation qui n'est d'abord qu'une simple hutte de feuillage. Mais plus il s'attache au sol, plus se développe en lui le sentiment de la propriété et l'instinct de famille ; plus il songe à l'avenir, et plus il recherche ce qui est durable. La maison remplace la hutte, la pierre se substitue au bois. L'homme a découvert les métaux : il est devenu constructeur.

De ce jour, sa sociabilité ira sans cesse en s'affirmant et en se développant.

L'unité qui s'appelait hier « *tribu* » s'appelle aujourd'hui « *nation*. » L'homme, né perfectible, vient de faire un nouveau pas vers la perfection. Une nouvelle vertu s'est développée en lui ; son primitif instinct de fauve, qui n'allait point au delà de sa progéniture immédiate et même n'était pas durable,[1] s'est humanisé complétement ou peu s'en faut. Après s'être d'abord ennobli, puis revêtu d'un caractère indélébile et permanent, en s'étendant à la famille, il vient de prendre une extension plus large encore.

L'homme a dès lors à aimer, à respecter et à défendre quelque chose de plus grand et plus sacré à la fois que tout ce qui a existé pour lui jusqu'ici.

Ce quelque chose se nomme PATRIE.

Patrie !!! Quel infini dans ces quelques lettres ! Patrie !!! Quel mot vraiment magique ! Comme il vous trans-

---

[1] Très probablement, chez l'homme des temps préhistoriques, l'amour paternel et l'amour filial n'existaient l'un et l'autre qu'à l'état rudimentaire ; absolument comme chez la brute encore aujourd'hui, ils ne dépassaient pas les limites tracées par l'instinct de conservation : chez les adultes, *instinct de conservation de l'espèce;* chez les jeunes, *instinct de conservation personnelle.*

porte, vous exalte, vous enivre! Combien de résolutions généreuses et de pensées sublimes n'éveille-t-il pas déjà dans nos âmes! et combien davantage plus tard, quand son acception, limitée aujourd'hui par le caprice et l'ignorance, s'étendra enfin à l'humanité tout entière.

Divin mot! n'es-tu pas le point d'appui qu'Archimède demandait pour soulever le monde!

Mais revenons à notre sujet; nous avons cité des faits, tirons-en des conclusions :

Au fur et à mesure que la société a progressé, ses mœurs, ses usages, ses institutions ont suivi des directions parallèles, en vertu de deux lois primordiales et immuables qui s'appellent, l'une : *harmonie,* et l'autre : *mouvement.* Malheur aux nations qui ne reconnaissent point ces lois ou cherchent à s'en affranchir. Leur perte est irrévocable. Tout peuple qui s'inharmonise et s'immobilise (comme les Chinois par exemple), est un peuple condamné à disparaître dans un temps plus ou moins éloigné.

A l'œuvre donc, si nous ne voulons demain entendre dire de la France ce que l'on dit aujourd'hui de Tyr, de l'Inde, de Carthage, de la Grèce et de Rome, de toutes ces grandes puissances qui, semblables à des météores, n'ont jeté un éclat si éblouissant sur l'univers que pour s'abîmer bientôt, et pour jamais, dans la nuit du néant et de l'oubli.

A l'œuvre tout le monde, forts comme faibles, grands et petits. Vieillards, femmes, enfants, venez aussi ; vous avez tous une tâche à remplir en raison de vos forces et de vos capacités. Plus on sera d'artisans, plus on déploiera de vigueur et de courage, et plus vite avancera le travail.

A l'œuvre, tout le monde; mais, avant tous, à l'œuvre députés, entre les bras de qui la nation affolée s'est jetée éperdûment, un jour de grande crise. A vous, Chambres, — souveraines, puisque vos décrets vous ont fait telles, — à vous de nous diriger, de nous éclairer, de jalonner la voie; à nous d'obéir, mais à vous de commander et de bien commander.

Si le futur édifice social manque d'aplomb, s'il est trop étroit ou trop écrasé; si le plan n'en a pas été tracé en vue de sa destination réelle; s'il manque de style; s'il n'est pas de notre époque; si son architecture n'est ni marquée au sceau du génie national, ni revêtue du caractère démocratique qui lui convient: c'est à vous et non à nous que la postérité s'en prendra. Car, si nous sommes, nous, les sculpteurs, les maçons, les charpentiers, les manœuvres obscurs du grand ouvrage, vous en êtes, vous, les architectes.

Puissiez-vous être bien inspirés!

Certes, les difficultés à vaincre sont grandes, et les obstacles à surmonter, nombreux; j'en conviens. Cependant, il ne faut pas chercher à grandir les uns et à multiplier les autres; bien au contraire, pénétrons-nous de cette vérité consolante que la masse des ressources dont on dipose est un gage de réussite assurée si l'on sait en user judicieusement.

Surtout, pas de demi-mesures. Les demi-mesures nous ont toujours été fatales. Marchons franchement vers le but proposé, sans nous laisser entraîner vers les extrêmes, en nous défiant aussi bien de notre engouement irréfléchi pour les nouveautés, que de notre attachement routinier pour les vieilles loques. Travaillons, le regard tourné vers l'avenir, l'oreille fermée aux propos ambitieux des partis; travaillons enfin pour la patrie, et seulement pour la patrie.

Le ferment qui faillit nous perdre a été déposé en nous par nos ennemis ; comprenons-le donc enfin, faisons trêve : plus de divisions, plus de ressentiments, plus de divergences de vues ; soyons dignes après la défaite et généreux après la victoire.

Justice ne veut pas toujours dire châtiment, elle signifie souvent aussi AMNISTIE.

Nos querelles nous font reculer au lieu d'avancer. Discutons et ne disputons pas, si nous voulons que du choc des idées jaillisse la lumière. Ne donnons plus à l'Europe le spectacle écœurant que nous lui offrons chaque jour dans nos luttes parlementaires. Si nous désirons qu'on nous respecte, respectons-nous nous-mêmes. Que les partis cessent de ressembler à une meute hurlante, acharnée à la curée de la patrie !

Nos mœurs sont corrompues, notre foi politique est expirante ; prodigieusement développé en nous par le matérialisme du Bas-Empire, l'égoïsme menace d'étouffer toutes nos bonnes qualités. Eh bien ! épurons nos mœurs en resserrant plus étroitement les liens sacrés de la famille, en émancipant la femme, en lui faisant une place plus large à nos côtés, en l'associant à tous nos travaux ; en élevant nos fils comme les Spartiates élevaient les leurs ; en rendant enfin à nos pères le respect dû à leur majesté de patriarche. Réchauffons notre foi politique au foyer du patriotisme ; sarclons notre âme comme on sarcle un champ de blé, et le dévoûment, l'abnégation, le stoïcisme, toutes ces vertus qui firent jadis notre force, reprendront une nouvelle vigueur et porteront de nouveaux fruits.

La richesse publique est menacée d'une ruine prochaine..... Or, ce qu'il faut pour la sauver, c'est :

produire, produire beaucoup, produire toujours, produire sans relâche ; ce qu'il faut encore, c'est détruire dans sa racine cette plante parasite et vorace que l'on appelle *fonctionnarisme*, et qui tend à faire périr l'arbre en attirant à elle toute la sève ; ce qu'il faut, c'est mettre le commerce et l'industrie en honneur ; enfin, ériger en loi cette maxime : « *Tout par le travail, rien sans le travail.* »

Pour amortir notre dette, pour éviter la banqueroute qui nous menace, augmentons nos recettes par des mesures équitables ; après avoir réduit sagement nos dépenses, cherchons à répartir entre tous, aussi également que possible, la lourde charge de l'impôt. Pour cela, fixons le taux de la prestation individuelle au prorata des revenus.

Des émeutes insensées, suivies de la plus terrible guerre civile qui ait déchiré le sein d'une nation, viennent de nous prouver l'état d'ignorance des masses. A nous de les instruire, à nous de faire pénétrer la lumière vivifiante de l'intelligence dans ces ténèbres où les plus belles fleurs s'étiolent, où les tiges les plus vigoureuses et les plus fécondes, faute d'être greffées, ne produisent que des fruits amers.

Apprenons aux prolétaires, si justement avides d'indépendance, que la licence n'est pas la liberté.

Apprenons à l'ouvrier que la grève n'est une arme dangereuse que pour celui qui s'en sert ; qu'en faisant la guerre au *capital-argent*, il jette en l'air des pierres qui retombent sur lui ; qu'en croyant frapper le patron, il frappe et tue ses propres enfants ; apprenons-lui que lui aussi, il possède un capital : le *capital-force*, et qu'il peut le faire valoir par le travail et par l'association intelligente.

Mais, avant tout, hâtons-nous de faire triompher le principe de l'enseignement obligatoire, gratuit et laïque. Faisons en sorte qu'à l'abri des menées ultramontaines, loin de toute coterie religieuse, la jeunesse reçoive dans nos lycées une éducation réellement virile. Créons de nombreuses écoles professionnelles pour les deux sexes, surtout dans les centres manufacturiers. Supprimons ou au moins abaissons les droits de fisc sur le papier, l'imprimerie, le transport et la vente des livres, afin de permettre aux clartés de la science de pénétrer dans les ateliers et jusque dans les plus humbles chaumières.

Enfin, puisque les tendances martiales de nos voisins, leur ambition effrénée et leur soif de conquêtes nous mettent dans la triste nécessité de travailler à notre apaisement intérieur et à notre régénération sociale, le casque sur la tête et les armes à portée de nos mains, faisons de la France une immense forteresse et de tout citoyen un soldat. Peut-être parviendrons-nous ainsi à leur imposer, et à les tenir à distance, par la crainte, sans avoir besoin d'employer la force.

En réformant nos institutions civiles, politiques et religieuses, réformons nos institutions guerrières, en même temps que notre magistrature et notre clergé, réorganisons notre armée. [1]

Voilà, selon moi, quel est le programme à suivre si l'on veut que la Patrie renaisse de ses ruines et fasse respecter son drapeau comme autrefois; si l'on veut

---

[1] Voir l'Appendice : « *A propos de Réorganisation militaire.* »

qu'après tant de vicissitudes et de revers, elle parvienne un jour à redresser cette barrière de fer qu'elle sut élever jadis entre elle et l'Allemagne féodale.

Je n'hésite pas à l'affirmer, du moment où ces réformes, bien comprises des masses et acceptées des majorités, auront été mises sérieusement en pratique, la France pourra relever la tête et dire à son vainqueur d'aujourd'hui : « A nous deux maintenant. Une
» restitution immédiate et complète, ou la guerre
» avec sa suite hideuse de représailles et de barba-
» ries; à ton gré : une lutte sans merci et sans trêve,
» ou bien une alliance éternelle et féconde.

Choisis.

» Sœur ou ennemie? Décides-toi. D'une main je tiens
» la branche d'olivier, et de l'autre la trompette
» guerrière dont les premières notes feront surgir du
» sol deux millions de soldats. »

Ce que répondra l'Allemagne décidera de l'avenir de l'humanité ; car, il ne faut pas s'abuser, tant que nos patriotiques provinces n'auront pas fait retour au domaine national, ce *casus belli* troublera la quiétude non-seulement de l'Europe, mais encore du monde entier ; tant que ne sera pas définitivement résolue cette terrible question de limites, si souvent soulevée entre la France et l'Allemagne, le progrès ne pourra marcher en avant d'un pas sûr, et la civilisation restera stationnaire, si même elle ne rebrousse pas chemin.

Dans l'intérêt commun, il importe donc que ce différend soit bientôt équitablement réglé. Et cela, tout le monde le comprend.

« Le traité de 1871, me disait dernièrement un de

» mes amis, bien connu dans la presse libérale, cette
» paix, ou plutôt cette trêve boiteuse, est un obus,
» tout chargé, attaché au pied de la civilisation. Que
» la fusée mette plus ou moins de temps à brûler, la
» commotion qu'en ressentira le monde n'en sera ni
» moins terrible, ni moins fatale. Et je ne vois aucun
» moyen pour empêcher cette conflagration d'avoir
» lieu, un jour ou l'autre. »

Si. Il en existe un.

Ce moyen, souvent employé par nos braves soldats de Crimée, a quelquefois réussi. Il s'agit d'arracher la mèche, avant que la flamme n'ait atteint la poudre.

France ! à toi de te dévouer.

V

Voilà ma tâche remplie. Brillamment? Non. Consciencieusement? Oui.

Si le sujet n'a pas été traité avec l'ampleur et la majesté qu'il comporte, du moins il l'a été loyalement, et avec une indépendance de vue pleine et entière.

Si je n'ai pas dit tout ce qu'il y avait à dire, — ce que du reste les limites restreintes assignées à une étude de ce genre ne me permettaient point, — je crois du moins en avoir dit assez pour donner le reste à entendre.

A toi, lecteur, à compléter par la pensée cette ébauche de ma plume inhabile.

Donc, nous voilà tous les deux parvenus au terme de notre petit voyage de découverte; mais, avant de nous quitter, laisse-moi te remercier de ta constance à suivre un guide aussi inexpérimenté, dans ces arides parages où les ronces et les pierres du chemin ont dû plus d'une fois te blesser les pieds.

Puissé-je, pour prix de ta confiance, avoir rendu cette excursion instructive pour toi, sans être trop ennuyeuse; puissé-je surtout l'avoir rendue productive pour notre malheureuse patrie!

Le champ à parcourir était bien vaste et notre course bien rapide, pour que nous puissions espérer n'avoir rien négligé, rien omis. Il faut nous attendre à ce que bien des choses (même d'une très grande importance) aient échappé à notre investigation. [1]

Quoi qu'il en soit, je nous crois dès à présent en mesure de répondre avec assurance aux six questions posées, et nous allons essayer de le faire succinctement, en résumant tout ce travail en quelques lignes :

D. — Par qui la France a-t-elle été entraînée dans l'abîme?

R. — Un peu par tout le monde, mais plus particulièrement par ses monarchies.

---

[1] En effet, j'ai passé sous silence bien des graves questions, entre autre celle de la dissolution de *l'Assemblée de la paix*. Mais j'espère que le bon sens dont fait preuve la minorité de la chambre, l'emportera sur le parti-pris de la majorité, et que cette majorité comprendra enfin qu'elle représente l'infime minorité des électeurs.

D. — Pourquoi?

R. — Parce que le destin ne lui a pas été favorable et qu'elle s'est montrée, elle, toujours inconséquente, faible bien souvent et lâche quelquefois; enfin, et surtout, parce que trop longtemps elle a paru ignorer que le despotisme et l'esclavage sont deux impuissances, et que seule la liberté est féconde.

D. — Par qui en sera-t-elle retirée?

R. — Par elle seule, si elle veut enfin devenir sérieuse, forte et honnête, et s'appuyer sur la vraie majorité qui n'est ni le clergé, ni la noblesse, ni la bourgeoisie, mais le peuple.

D. — Pourquoi?

R. — Parce que la France, étant le foyer de la civilisation, l'astre autour duquel les autres nations gravitent, ne peut disparaître sans que l'équilibre du monde soit rompu, sans qu'il soit replongé dans les ténèbres du chaos et de la barbarie.

D. — Comment?

R. — Simplement en usant des immenses ressources dont elle dispose; en brisant les liens qui paralysent ses mouvements; en dégageant ses pieds embourbés dans la routine; en rejetant loin d'elle tout ce fatras d'abus qui alourdissent sa marche et usent ses forces; en ranimant la confiance mal à l'aise dans un pays sans capitale, où tout est provisoire; en élargissant l'horizon politique d'un peuple auquel le maintien d'un état de siége permanent fait une atmosphère irrespirable et malsaine. Enfin en proclamant, d'une manière définitive, la République des Républicains.

Et maintenant, un mot encore :

O mes concitoyens, et vous tous, peuples de la terre, que mes faibles bras s'efforcent de réunir dans la même fraternelle étreinte! pourquoi tant de fureur dans vos luttes homicides? pourquoi tout ce sang versé, tous ces amoncellements de cadavres? A qui cela profite-t-il, sinon à vos maîtres? Croyez-moi. Votre véritable et unique intérêt, c'est la paix. Fraternisez donc et tendez-vous loyalement la main. Au lieu de vivre de l'éphémère espoir de la vengeance ou de la vaine gloire du triomphe, tirez franchement un trait sur ce passé d'erreurs et adoptez, d'un commun accord, le seul arbitre dont les décisions soient vraiment sans appel : la Justice. Laissez le canon être l'*ultima ratio* des rois; mais ne faites plus cause commune avec ces tyrans, n'épousez pas leurs querelles, rappelez-vous ce vers du poète :

« *Quid quid delirant reges, plectuntur achivi.* »

Qu'ils s'entr'égorgent si bon leur semble, mais vous? non pas.

Jusqu'ici, sur notre misérable planète, la force a primé le droit; il est temps que le droit prime la force.

Courage donc, et surtout espérance. Car l'ère des abus touche à son terme, et celle de la liberté est proche.

Depuis longtemps, l'esprit combat la matière et l'intelligence lutte contre les ténèbres; leur triomphe est assuré. Le despotisme chancelle. Bientôt la grande idée de République-Universelle ne sera plus une utopie; bientôt sera constituée, sur une base immuable, la grande fédération de l'humanité.....

Et voyez ! ne vous semble-t-il pas que déjà l'Orient s'illumine et que l'aube promise se lève ?...

Nations, debout!

Esclaves, devenez hommes !

Max GUILIN.

Observation. — En parlant de la Société d'admiration mutuelle et de l'École d'outre-mer, j'ai oublié de faire certaines réserves.

Pas de règles sans exception. MM. Chanzy et Faidherbe sont les exceptions de celle-là et la confirment, étant du petit nombre des chercheurs laborieux et actifs qui ne se sont jamais essayés au métier de courtisan, et n'ont, dans tout le cours de leur carrière, brigué d'autres recommandations que celles qu'ils devaient à leurs talents, à leur savoir et à leur patriotisme. Ils n'ont pas été, eux, du nombre des compagnons du César dont on pouvait dire :

« *Ære alieno obruti et vitiis onusti.* »

A PROPOS

DE RÉORGANISATION MILITAIRE

« *Si vis pacem, para bellum.* »
(Viel adage romain.)

« ... C'est là ce qu'il y a de beau, en Prusse : armée et peuple ne font qu'un, et celui qui dit soldat dit citoyen, prince royal, Prusse....... »

I

M. le général Faidherbe, dans son remarquable travail sur la réorganisation de l'armée, a écrit avec raison : «... Il faut songer à créer une bonne armée, et les changements apportés dans la guerre sont si grands, qu'il faut tout refaire à neuf ; si, craignant d'innover, on se traîne dans les vieilles ornières, en apportant d'insignifiantes modifications à ce qui existe, on ne fera rien qui vaille. »

Oui, tout est à refaire, des fondements jusqu'au sommet.

Depuis la loi sur le recrutement jusqu'à la loi sur la retraite, l'organisation aussi bien que l'administration, tout est défectueux, tout est mauvais.

A nous de livrer aux flammes ces vieilles loques qui portent écrit en lettres de sang, sur chacune de leurs souillures, le nom d'un de nos désastres.

Sans regret, sans hésitation, précipitons du haut de leur piédestal nos fétiches, aussi impuissants que décrépits ; jetons leurs débris dans la fournaise, et, si tout le pur métal n'en a pas été corrodé, il en sortira plus resplendissant sous une forme nouvelle.

Tous nos efforts doivent tendre à donner à l'armée l'Unité que lui a enlevée la loi de 1869, en créant la garde mobile. La campagne de 70-71 a montré le vice de cette nouvelle institution, dans laquelle on avait placé de si folles espérances.

Sans homogénéité, pas d'armée possible.

De 20 à 40 ans, tout citoyen valide doit concourir activement à la défense de son pays. [1]

De 40 ans à l'extrême vieillesse, il peut encore lui rendre des services sédentaires, en maintenant l'ordre dans l'intérieur de sa ville ou de son village, mais là seulement, pas ailleurs. Un service de garde urbaine ou rurale, rien au delà. La mobilisation des gardes nationales, dans la dernière guerre, a été un embarras plutôt qu'un aide, elle a nui plutôt qu'été utile à nos opérations.

Tout le monde l'a vu. Le gouvernement lui-même. Mais trop tard. Quand il voulut rectifier cette faute, la chose n'était plus possible, car déjà nos cadres étaient en Allemagne.

Quels immenses résultats n'eût-on pas obtenu, si, dès le principe, on avait versé dans ce que l'on appelait « l'armée active, » tous les mobiles et les mobilisables ou mobilisés au-dessous de 40 ans.

Donc : une seule armée, une armée nationale composée de tous les citoyens aptes à porter les armes, sans distinction de caste, riche ou pauvre, paysan comme ouvrier.

---

[1] Je propose de répartir ainsi ces vingt années :

ARMÉE ACTIVE : 7 ANNÉES.

Premier Ban............	de l'âge de 20 ans à l'âge de 23 ans.
Deuxième Ban.........	— 23 — — 27 —

ARMÉE DE RÉSERVE : 13 ANNÉES.

Premier Ban............	de l'âge de 27 ans à l'âge de 30 ans.
Deuxième Ban.........	— 30 — — 35 —
Troisième Ban.........	— 35 — — 40 —

Noble ou vilain, qu'importe? Est-ce qu'ils ne sont pas tous frères, les fils d'une même Patrie? Est-ce que le devoir n'est pas pour tous le même?

Quelle immoralité de croire que la dette du sang puisse se payer avec de l'or?

II

En appelant tous les Français sous les drapeaux, on obtiendra un effectif égal au moins à celui de nos voisins. Il ne restera plus qu'à en tirer le meilleur parti.

Actuellement, le rapport numérique entre les différentes armes est un barbarisme; le rôle de l'artillerie, en grandissant, a réduit celui de la cavalerie.

Telle qu'elle se pratique aujourd'hui, la répartition du contingent est illogique, on en fait une question de taille au lieu d'en faire une question d'aptitude.

L'habillement, l'équipement, le harnachement sont ou incommodes ou trop dispendieux. Il faut tout réviser, supprimer les dorures, le clinquant, le colifichet, tous ces ornements qui peuvent flatter l'œil à une revue, dans une parade, mais qui, en campagne, deviennent quelquefois un danger et toujours un embarras.

Plus de couleurs voyantes, plus de casques, de cuirasses de panaches; laissons cet attirail aux Mangins des boulevards, aux laquais et aux saltimbanques.

A une armée sérieuse, comme celle que nous voulons obtenir, il faut un uniforme simple, sévère, commode, peu coûteux, un équipement solide et léger à la fois.

Le harnachement ne devra gêner ni les mouvements de l'homme, ni ceux de l'animal, pour ne pas enlever à la cavalerie la seule supériorité que lui ait laissé le perfectionnement des armes : la Vitesse.

Quant à l'armement, nous choisirons celui qui réunira au plus haut degré les avantages de justesse, de portée, de rapidité dans le chargement, tout en étant d'un système peu compliqué, d'un entretien facile en campagne.

Le chassepot a besoin d'être transformé. Il possède bien

les trois premières qualités énumérées ci-dessus, mais les deux dernières lui font défaut complétement.

En France, la routine la plus invétérée, la plus aveugle donne la main à l'engouement le plus irréfléchi.

Il est des choses mauvaises que l'on y adopte sans examen, par cela seul qu'elles sont nouvelles; d'autres que l'expérience a condamnées et que l'on conserve quand même, parce qu'elles ont le prestige de l'antiquité. Deux vices : l'un nous retenant dans l'ornière, l'autre nous rejetant en dehors de la route.

Pour arriver à bien (car nous possédons chez nous tous les éléments de succès, seulement inconnus ou mal employés), nous n'avons qu'à être logiques et consciencieux :

Logiques, pour coordonner nos forces, régler leurs effets, de manière qu'au lieu de s'annihiler elles se multiplient.

Consciencieux, afin de ne les faire agir que dans un but honnête, pour l'intérêt commun, afin de ne les remettre aussi qu'entre les mains d'hommes réellement dignes de les diriger.

Combien de malheurs, combien de désastres aurions-nous évités, si nous avions été toujours et plus sages et moins injustes.

Aussi, une fois solidement, je dirai même mathématiquement organisée, notre armée ne devra-t-elle plus être exposée sans de sérieux motifs. Plus de ces expéditions lointaines, décidées par un seul, dans l'intérêt d'un seul et la ruine des autres.

Fortes, instruites, nationales, nos troupes auront droit à des chefs dignes d'elles, courageux, savants, surtout moins ambitieux que patriotes.

III

Il nous faut une bonne armée, cela est évident. Mais pour avoir une bonne armée, il faut de bons cadres. Pour avoir de bons cadres, que faut-il? Trois choses seulement :

1º Suppression du favoritisme, — une anomalie chez un peuple libre ; —

2º Suppression de ce que d'aucuns appellent les droits de l'ancienneté et que j'appelle, moi, les droits de l'incapacité ;

3º Adoption d'un système ayant pour effet de ne donner l'avancement qu'au mérite dûment constaté.

Cela non pas pour les grades supérieurs seulement, pour tous. Les galons de laine pas plus que les étoiles ne doivent être le prix d'une bassesse ou la conséquence d'une injustice.

A ceux que ce mode d'avancement reléguera éternellement au bas de l'échelle, on pourra donner une compensation, en créant la solde progressive. Ce qui leur permettra de vivre plus largement dans la modeste sphère de leur capacité.

Mais je maintiens cet axiome : « A chacun selon ses œuvres ; » de là, deux grands courants s'établissant en sens contraire, pour épurer, vivifier et régénérer l'armée :

L'un, entraînant au fond tous les ineptes, les immoraux, les lâches ; ceux qui n'ont d'autres mérites que leurs titres de noblesse, leur fortune, un nom illustré par d'autres ; ceux qui arrivent aux honneurs par la porte de derrière ou l'escalier de service ; ceux enfin qui ont pris si bien l'habitude de courber l'échine dans les antichambres, qu'ils ne savent plus, le front haut, marcher au devant de la mitraille.

L'autre, faisant remonter à la surface tous ces hommes d'un talent réel que leur loyauté tenait éloignés des coteries ; ceux qui ont le double mérite d'accomplir des actes d'héroïsme et de les taire ; tous ces travailleurs que le régime tombé laissait croupir en bas, méprisés parfois, méconnus souvent, oubliés toujours.

Que de génies étiolés dans cette ombre ? que d'officiers de talent et de cœur vieillis dans les grades subalternes, quoique possédant en eux tout ce qu'il fallait pour conduire nos armées à la victoire.

Pourtant, pas de récriminations ; ne nous occupons aujourd'hui que du présent, afin de préparer l'avenir ; et, s'il nous faut jeter les yeux en arrière sur notre passé sombre, que ce soit pour en tirer d'utiles enseignements.

Nos regrets, nos plaintes ne ressusciteront pas nos gloires mortes, ne feront pas reverdir nos lauriers et ne ramèneront pas sous nos drapeaux la victoire fugitive.

Ce qu'il faut, c'est de l'activité, du travail et du patriotisme.

« Tout est à refaire, » avons-nous dit. Eh bien ! ne perdons pas de temps. A l'œuvre, que chacun vienne apporter sa pierre, son grain de sable.

Pas de fausse modestie. Pas de paresse. La réorganisation de notre système militaire demande des têtes, des bras, des cœurs surtout.

Jusqu'à ce jour, les comités de généraux avaient suffi. Peuvent-ils suffire encore ?

Non, ils ne suffisent plus. Autres temps, autres mesures. Dans ce siècle de progrès, celui qui n'avance pas recule.

Si l'on veut créer quelque chose de viable, tirer du chaos une organisation militaire complète, logique, durable, dans laquelle on sache tenir compte des leçons du passé, des difficultés du présent et des exigences de l'avenir ; si l'on veut constituer une armée homogène, solide, combiner sagement les divers éléments qui doivent la composer, la coordonner, pour leur faire produire leur maximum d'effet sans trop léser d'autres intérêts primordiaux ; si l'on veut enfin approcher, autant qu'il est possible, de la divine perfection, il faut réunir en faisceaux toutes les lumières, mettre à contribution toutes les intelligences, appeler tous les intérêts à plaider leur cause.

Pour réédifier semblable monument sur des bases solides et durables, il n'y a pas trop du concours de tous. Chacun, selon nos moyens, dans l'étendue de notre intelligence et de notre savoir, venons aider à l'œuvre de constitution du pays, car, je le dis hautement, le *si vis pacem*, *para bellum* n'a jamais été plus vrai qu'aujourd'hui.

Créer une armée forte, c'est faire la Patrie heureuse, florissante et libre.

IV

Pour l'accomplissement de cette tâche, quel puissant auxiliaire que la Presse !

Au lieu d'ouvrir leurs colonnes à cette littérature obscène et énervante de l'époque, — cause de démoralisation s'il en fut, — que les feuilles donnent plus de place aux publications essentiellement militaires.

C'est au gouvernement à intervenir, à prêter son concours, un appui moral et matériel aux gens de bonne volonté ; à lui d'encourager les journaux à offrir une large hospitalité aux écrivains consciencieux de l'armée.

Il est un fait avéré aujourd'hui, que le décret interdisant en quelque sorte, par des restrictions absurdes, aux militaires d'écrire dans les gazettes, dans les revues, de publier des brochures, a enrayé le progrès et fait avorter bien des plans dont l'exécution eût été utile à l'armée.

La censure ministérielle a empêché longtemps toute innovation. L'incapacité, le parti-pris, l'apathie des hommes chargés de l'exercer, ont étouffé bien des productions remarquables, et jeté dans le grand panier bien des mémoires dont l'unique défaut était d'avoir des qualités réelles et de présenter les choses sous un jour nouveau.

Dans les derniers temps, on avait bien montré quelques velléités d'entrer dans une voie meilleure. Les conférences furent mises à l'ordre du jour. Pendant six mois, l'on ne parla que de cela. Puis il n'en fut plus question. Ce fut un feu d'artifice ; beaucoup de bruit, un peu de fumée, pas de résultats.

Il y eut cependant des travaux remarquables ; plusieurs virent le jour et reçurent les honneurs de l'impression. Ils démontraient d'une manière évidente la supériorité de l'organisation militaire prussienne sur la nôtre à peine née, l'infériorité de nos effectifs, de notre artillerie, de nos moyens de défense.

On n'en tint pas compte.

Ces révélations n'empêchèrent pas le gouvernement d'alors d'entreprendre cette folle lutte du pot de terre contre le pot de fer qui nous a conduits au traité de Francfort, par Reischoffen, Wœrth, Sedan, Metz et Paris.

Je sais bien que d'aucuns chercheront à absoudre ceux qui ont jeté le pays dans l'abîme. On dira que, s'ils ont failli, c'était par excès de confiance en ces premiers soldats du monde habitués à vaincre un contre dix.

A ceux qui chercheront à rejeter ainsi, sur la masse innocente et sacrifiée, le tort de quelques individualités fatales, je crierai : *Halte là !*

Il est des vérités, telles que les suivantes, qu'il n'est permis à personne d'ignorer.

« Ce n'est plus le courage individuel qui gagne les batailles, c'est la science. »

« Dans la guerre, comme dans l'industrie, l'homme a cédé le pas à la machine. »

« A la matière mue par l'intelligence est dévolue le premier rôle dans le présent comme dans l'avenir. »

Ce sont des axiomes qui courent les rues. Les hommes de l'empire étaient-ils donc tellement embourbés dans les fangeuses intrigues de boudoir, qu'ils n'aient jamais trouvé l'occasion de les rencontrer? Cela n'est pas croyable.

Le Louvre était donc un palais enchanté, où tout le monde dormait??...... Et cependant, le progrès, lui, marchait toujours.

Il y a quelque cent ans, on luttait corps à corps, poitrine contre poitrine; hier encore on pouvait se parler tout en se mitraillant, aujourd'hui on se tue à des distances énormes, sans se voir.

Contre les terribles batteries Krupp devaient fatalement venir expirer nos charges à la baïonnette, car tout l'héroïsme de nos soldats était impuissant à leur faire franchir ces sept ou huit kilomètres qui les séparent de l'infanterie prussienne. L'aborder, c'était la vaincre. Mais était-ce possible! La mort fauchait les bataillons de si loin!! L'ennemi, se riant de nos efforts, devant nos canons muets ou impuissants, n'avait même pas besoin de combattre pour vaincre.

On aurait dû prévoir cela.

Aussi, que tout le sang inutilement versé, que toutes ces cendres, ces ruines, que ce deuil immense, tout retombe sur la tête de ces chauvins qui n'ont pas su ou pas voulu voir.

Pour nous, espérons-le, cette leçon infligée à notre légèreté portera des fruits ; nous en profiterons.

Puisque nous connaissons aujourd'hui les défauts de notre organisation, qui nous empêche d'y rémédier ?

Et surtout, imitons, dépassons même nos maîtres dans l'art de la guerre. Nous le pouvons.

Notre sens militaire n'est pas éteint, il est seulement émoussé.

L'Alsace et la Lorraine — martyrs sublimes — tendent vers nous leurs mains chargées de chaînes, en attendant l'heure de la délivrance.

Et cette heure sonnera bientôt.

Courage !

Lorsque nous pourrons opposer des masses aux masses ennemies ; à leur formidable artillerie, une artillerie non moins formidable, à nous appartiendra infailliblement la supériorité que donne le droit, escorté du courage et d'un profond amour pour la Liberté.

V

Dans l'étude qui précède, j'ai esquissé à grands traits l'ensemble des travaux à accomplir pour mener à bien l'œuvre de régénération actuellement sur le chantier ; permettez-moi de donner, dans celle-ci, les bases de la partie essentiellement militaire.

Je me dispenserai d'entrer dans aucun détail ; n'ayant point la prétention de développer ici un système de réorganisation complet, je me bornerai à l'exposé pur et simple d'un programme. [1]

Ce n'est pas une montagne, ni même un moellon que j'apporte, c'est un grain de sable.

Mais puisse ce grain de sable, que j'offre de si grand cœur, n'être pas rejeté comme inutile ; puisse-t-il contribuer pour une part, si petite soit-elle, à la construction et à la consolidation de l'édifice.

Ce programme, le voici :

C'est d'abord, et avant tout, l'adoption immédiate du système égalitaire : service militaire, personnel et obligatoire pour tous, sans restriction, et sans exception.

Viennent ensuite :

1º Le maintien sous les armes d'un effectif aussi nombreux que le permettront nos ressources budgétaires, sans

---

[1] Voir une brochure du même auteur : *Système de réorganisation militaire, proposé à l'Assemblée nationale de 1871* (V Charles père, éditeur, rue Manigne, Limoges).

nuire cependant à la production manufacturière et agricole.

2° Institution d'une armée de réserve — effective et non plus fictive, — *organisée par régions territoriales*, avec ses cadres toujours au complet, son matériel sous la main et son personnel prêt à rejoindre au premier signal.

3° Transformation radicale et rapide de notre vieil outillage de guerre, de notre artillerie et de notre armement, pour les mettre en rapport avec les progrès accomplis par la science.

4° Formation d'un corps militaire d'ingénieurs et d'ouvriers des chemins de fer et télégraphes.

5° Exécution rapide d'un réseau de voies ferrées stratégiques, dont l'absence s'est fait si vivement sentir pendant la dernière guerre.

6° Démolition ou déclassement de nos forteresses dont l'utilité est contestable, afin de pouvoir, grâce aux économies réalisées ainsi sur le budget, mettre les places de guerre conservées sur un pied formidable, en les entourant d'une seconde enceinte d'ouvrages avancés.

7° Création d'un système complet de camps retranchés sur deux lignes, dont la première sera destinée à couvrir nos frontières, en reliant entre elles nos places fortes ; et la deuxième, à servir de refuge à nos armées en cas de revers.

8° Décentralisation radicale en ce qui concerne le service des arsenaux, parcs, magasins d'approvisionnements et greniers d'abondance.

Tous ces établissements devront être, à l'avenir, disséminés judicieusement, le long des voies ferrées stratégiques, suivant leur importance et leur nature, en ayant soin de placer les principaux loin des frontières, en arrière de la seconde ligne de camps retranchés.

9° Mise à la réforme de notre matériel d'ambulance, qui devra être refondu et desservi par un personnel plus nombreux et mieux exercé.

10° Révision de la loi sur l'Etat des officiers. Y introduire de nombreux changements en partie réclamés depuis de longues années, en partie nécessités par l'adoption du service obligatoire et la création d'une sérieuse armée de réserve.

11° Révision de la loi sur l'avancement, en supprimant les *choix de faveur* et le tour de l'ancienneté, qui devront être remplacés par le *choix au mérite*. On devra faire de l'*émulation* encouragée par l'impartialité, la cheville ouvrière du nouveau système.

De plus, il me paraît encore indispensable d'introduire dans notre organisation les trois importantes réformes suivantes, qui consistent :

1º A supprimer l'état-major en tant qu'arme spéciale, en y suppléant par un recrutement soigneusement effectué dans les autres armes, et réglé de manière qu'aucune considération étrangère au bien général du service n'influe sur le choix des sujets appelés à remplir ces importantes fonctions.

2º En ce qui concerne l'intendance, à séparer l'administration du contrôle.

3º En ce qui regarde l'armée, à établir une distinction bien tranchée entre ces deux éléments constitutifs : « les combattants et les non-combattants. »

On ne peut être, à mon avis, tout ensemble et bon comptable et bon instituteur ; le maniement de la plume ne fait point la main à celui du fusil, le temps précieux, employé à compulser nos cent cinquante volumes de décisions et de décrets organiques, est pris sur les heures à consacrer aux études théoriques de l'art militaire. Enfin, il est difficile d'être à la fois un homme de cabinet et un homme d'action.

Donc, laissons chacun à sa place et dans sa spécialité.

Qu'il y ait, à l'avenir, deux catégories d'officiers : d'un côté, ceux qui organisent l'armée, qui pourvoient à ses besoins, qui l'habillent, la nourrissent, l'entretiennent ; de l'autre, ceux qui l'instruisent, la forment au métier des armes et la conduisent au combat ;

Qu'il y ait aussi deux catégories de soldats : ceux qui *travaillent* et ceux qui *manœuvrent* ; ceux qui préparent la guerre et ceux qui la font.

Tous les services en marcheront mieux, et, tout en comptant moins de baïonnettes dans ses rangs, l'armée disposera en réalité de plus de combattants.

Les anciens, plus judicieux que nous ne le sommes, n'ont jamais eu l'idée de revêtir Mercure, Apollon ou Vulcain de l'armure de Mars, et de les envoyer à la guerre. Ils n'ont pas davantage rêvé un Mars s'occupant de l'administration des troupes, ou perdant son temps à se forger des traits.

Je le repète : chacun à sa place, et dans sa spécialité.

On devra encore :

Faire grand cas de l'initiative individuelle.

Développer, par tous les moyens possibles, le goût des populations pour les jeux d'adresse, le gymnase, la natation, l'équitation, le tir au fusil.

Encourager l'enseignement des langues vivantes, de l'histoire, de la géographie; en un mot, de toutes les sciences utiles.

Donner, dans les écoles militaires, un large essor aux études sérieuses.

Multiplier les missions militaires-scientifiques, en ayant soin de ne les confier qu'à des hommes capables et surtout consciencieux; car il est bon de se pénétrer de la justesse de cet axiome complétement mis de côté sous le régime déchu : « Un grand nom ne fait pas un grand homme, et richesse ne tient pas lieu de talent ni de savoir. »

En un mot, ne rien négliger pour relever notre niveau moral et rendre à nos institutions cette mâle vigueur et cette majesté guerrière qui font la force des peuples et la grandeur des nations.

VI

Je n'hésite pas à l'affirmer : quand toutes ces réformes auront été accomplies, la France sera bien réellement redevenue la première puissance militaire du monde.

Et alors, de même qu'autrefois, sa voix sera écoutée comme celle d'un oracle.

Ce jour-là, si elle est demeurée fidèle à ses principes démocratiques, si elle est encore la France républicaine d'à-présent, elle ne prêchera que l'apaisement, l'égalité des droits, l'indépendance des hommes, l'affranchissement des consciences, la paix, l'ordre, l'union et la fraternité ; et les peuples la respecteront et l'honoreront; ils oublieront leurs haines, leurs vieilles rancunes que des despotes pouvaient seuls entretenir dans leur cœur, afin de régner par la division ;

ce jour-là se scellera sans doute la grande fédération de l'humanité, et celle qu'une poignée d'hypocrites à peine appelaient, par dérision, la Fille aînée de l'Eglise, se verra décerner par une assemblée de nations libres le glorieux titre de Fille aînée de la Liberté.

Utinam Fata sinant!

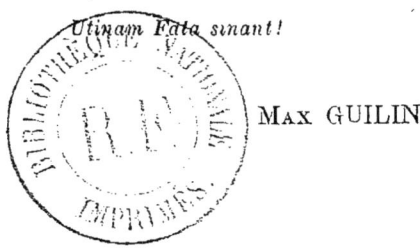

Max GUILIN

FIN.

www.ingramcontent.com/pod-product-compliance
Lightning Source LLC
LaVergne TN
LVHW021703080426
835510LV00011B/1559